고마 됐다

고마 됐다

신라 입말을 찾아서

박진형 시집

만인사

젊은 날의 초상/사진 이영철

시인의 말

새벽에 백자사발에 찬물을 떠놓고 가만히 들여다 보았다. 거기 어머니의 얼굴이 어른거린다. 서너 군데 이빨이 빠졌지만 오백년을 견딘 고려백자, 파르스름한 비취빛 살결은 어머니의 살가운 마음결에 다름아니다.

내 시의 탯줄은 어머니시다. 어린날 어머니의 무릎을 베고 자장가 삼아 듣던 육자배기, 꺼익꺼익 목구멍까지 차오르는 알 수 없는 슬픔이 묻어나던 육자배기 가락 때문에 나는 시인이 되었는지도 모른다.

새벽마다 부뚜막에 샘물을 떠놓고 빌었다. 서말치 무쇠솥을 닦으면서도 흘리신 어머니의 눈물이 백자사발에 고여 있다. 미수米壽로 이승을 뜨실 때까지 당신은 내가 지상에서 가장 뛰어난 시인으로 아셨다. 그 전폭적인 믿음이 지금, 여기까지 올 수 있는 힘이었다.

갑년을 넘기고 펴내는 여섯번 째 시집 『고마 됐다』를 어머니께 삼가 바칩니다.

차 례

서말치 무쇠솥

으랏차차

서으로 가는 거북돌처럼

| 시인의 산문 |

꼬마물떼새에게

배꼽마당

울도 담도 없는 병임이네 배꼽마당

왁자하니 장꾼 다 떠나면 아이들 차지다

딱지치기 땅따먹기 숨바꼭질 고무줄끊기 그만 시들해지면

아이들 다 떠난 배꼽마당 맴맴맴 고추잠자리 차지다

여태 글자 못 깨친 아이 ㄱㄴㄷㄹㅁㅂㅅㅇㅈㅊㅎㅋㅍ

고추잠자리 소문없이 뱅글뱅글 잘도 그려낸다

구구 팔십일 아슴아슴 박꽃 피는 저녁답

아화역 지나며

기찻길 옆 옥수수 보면
춘화누나 생각난다
칭얼거리는 나를 들춰업고
영천장에 돈 사러 간 아버지 기다렸다
밤 이슥토록 불콰해져 돌아오지 않는
천둥벙거지 세월 기다렸다
화차火車 불통 삶아먹고
생담배 뻑뻑 빨아대다 그만
내릴 곳 한참 지나쳐버린 생이여

기찻길 옆 옥수수
저절로 통통통 알이 차오르는
열여덟 춘화누나 생각난다

달맞이꽃

큰물 진 갱빈에 달맞이꽃 피었다 함초롬 이슬에 젖은 달맞이꽃 세수하러 가다 눈이 딱 맞았다 달맞이꽃, 그러자 입 안에서 달빛이 톡톡 터진다 달맞이꽃 이름으로 국수집 작은 숙이 떡방앗간 향숙이 할매 손에 자라는 영숙이 밑둥 썩은 아름드리 떡버들에 고무줄 매어놓고 단발머리 팔랑팔랑 구름 끝에 닿겠네 눈덩이 퉁퉁 부은 달맞이꽃, 오오래 눈에 밟히는 엄마 얼굴로 피어 있다

골목길

엿장수가 찰칵찰칵 오려놓고 간 골목길

낡은 국수기계에서 밤늦도록 뽑혀 나오는 작달비

큰숙이 아래 작은 숙이 그 아래 딸그마니

댓가지에 싹둑 잘라 건듯 바람결에 내다건다

밤 늦도록 달그락거리며 입술 오무리는 봉숭아꽃

엿 바꿔 먹을 빈 병도 없이 담벼락에 쪼그려 앉은

딸그마니 새끼손톱에 영영 지워지지 않는

분홍 꽃물 속에 내리다 그치는 국수비

진눈깨비

윤삼월에 내리는 진눈깨비, 윤씨네 연탄공장 검은 담벼락 위에 새하야니 쌓였다 젖니 빠진 갈가지 영근이 엄마 죽어서 백찜 생겼다고 빙 둘러 선 코찔찔이에게 노나주며 히죽거렸다 타다만 19공탄 연탄 위에 푸슬푸슬 내리는 흰눈깨비, 얼굴빛 자주 바꾸는 새엄마처럼 윤삼월에 질척질척 내리는 눈물깨비, 왁자하니 참새떼 입방아에 탱자나무 울타리 더욱 새파랗다

자동영감네 말총에는

말총 뽑으러 가자
자동영감네 조랑말 말총 뽑아
맴맴맴 참매미 잡자

건천 아화 영천 금호 하양 오일장
구루마 끌고 가는 자동영감 배 쫄쫄 곯아도
겉보리 두어 말에 조랑말 엉덩이 토실토실 살쪘다
반지르 윤기나는 꼬랑지에 붙어있는 말총
히이잉 발길에 저만치 나가 떨어져도
가는 귀 먹은 자동영감 낮잠 자다가
어떤 놈이 또 말총 뽑노
고래고래 고함 질러도

살금살금 말총 뽑아
말매미 참매미 쓰르라미
매롱새롱 잡자

꼬마물떼새에게

희디흰 옥양목 목에 두르고 세수하러 간 개울가 여나므 발자국 앞에 꼬마물떼새 마악 피기 시작한 장다리꽃 노란 아지랑이 속 들락거리며 들까불고 있다 무심결에 주워 든 조약돌 직방으로 날아가 고 가녀린 다리 분질러버렸다 그 자리에 콕 꼬구라진 꼬마물떼새

오십 년도 훨씬 지난
새벽 꿈길에서 울고 있다
봄날의 장다리꽃밭
고 이쁜 꽁지 들까불며
포르릉 날아가다 뒤돌아보며
애처롭게 울고 있다

진등말랭이 1

소 먹이러 간 진등말랭이
햇빛은 쨍쨍 모래알은 반짝
소나기 한 소끔 지나갔다
젖은 진등말랭이 말짱한 소 잔등

너른 풀밭 위에
생피, 생피 잘도 돌아
천둥벙거지 송아지야
금송아지야

열사흘 달빛 둥그렇게 휘어감고
코뚜레 뚫는 슬픈 밤이 온다
천둥벙거지 송아지야
은송아지야

우짜면, 우짜면
좋노

진등말랭이 2

소똥구리 천지다
저문 밤하늘 별무리보다 많다
철퍼덕 흐벅진 소똥 한 무더기
뒷발로 동그스름 해 굴리며 간다
은하수 길잡이 삼아 동글동글
언덕길 굴리며 내려간다
저 소똥 속에
알 낳고 새끼 까고
또 무얼 빚을까

시여,
언어도단의
눈물이여,

혹부리영감

노래는 어디서 나오지
혹부리영감 혹에서 나오지

시는 어디서 나오지
혹부리영감 혹에서 나오지

도깝아 도깝아
뭐 하니

혹부리영감 혹 훔치러 가자
시방망이 훔치러 가자

금 나와라 뚝딱
시 나와라 뚝딱

배무쟁이 골짜기

구불텅 배무쟁이 골짜기
해종일 걸어도 제자리 곰배치기

여우도 납딱발이도
저 혼자 흙데미 던지고 노는
애기 잡아 먹는다는 애장터 지나

뻐꾸기 울음 동무 삼아
저 혼자 피어 흔들리는
개복사꽃

까치발 종종걸음
해종일 배무쟁이 골짜기

왜 안 되나요

2그램 밖에 안 되는
콩새가 2만킬로 날아서
나를 찾아 왔어요

계란이 둥글면 안 되나요
1 더하기 1이 3이 되면 안 되나요
굴렁쇠가 네모 나면 안 되나요
부엉이가 여름밤에 울면 안 되나요
하늘나리꽃은 겨울에 피면 안 되나요
소똥구리는 소똥만 굴려야 하나요

구름에게 뺨 맞은 아이가
밤마다 달을 삼켜요

이슬의 시

이슬 속에
동그라미가 들어 있어요
동그라미 속에 허공이 들어 있어요
허공 속에 무지개가 들어 있어요
무지개 속으로 이사 간
아이가 숨어 있어요

아침 해 뜨자
풀잎 끝에 나앉은 이슬
또르르 땅 위로 굴러 떨어져
그만 죽고 말았어요

성탄절 아침

눈 내린 들판길
예수쟁이들 한 줄로 교회 가고 있다
흰옷에 까만 가죽 성경책 옆구리에 끼고
장로집 식구들 들판길 가고 있다
끄트머리에 고 이쁜 기집애
호랭이도 칵 물어 갈
새침떼기 상록이
나폴나폴 단발머리 가고 있다

종탑 위로 다시 눈이 내리고
손풍금 소리로 하얗게 날아오르는
저 은비둘기 떼

서말치 무쇠솥

서말치 무쇠솥

울 어메 열일곱살에 시집 올 때 가지고 온 서말치 무쇠솥, 아침 저녁으로 반질반질 닦아서 북두칠성하고 친했어요 젖먹이 때 이승 뜬 어메 얼굴도 비춰보고 어린 남매 고생시킨다고 새 장가 마다한 친정아비 옹고집도 반질반질 닦아뒀어요 고초당초 매운 홀시어미 시집살이도 자알 건넜고요 막걸리 한 말에 소주 됫병 너끈히 비우고 성황당 돌고 왔다는 지아비 속도 군말없이 다스려 밍경알로 맹글어뒀지요 밤낮으로 길쌈해 말음리 논배미 늘이고 육이오 전쟁동에 큰 아들 군대 보내놓고 태산 박산 맨발로 떠돌며 조앙님께 무탈하게 해달라고 빌고 또 빌었지요 소박맞은 딸내미 내색않고 꾹 눌러 앉히고 에미없는 피붙이 두루 거두어 오디빛 무쇠솥 침묵하고만 통했어요 나무주걱아, 아무리 긁어 봐라 긁는 니만 닳지 내가 닳는가 봐라. 아침 저녁으로 무쇠솥 반질반질 닦아서 잡것들 얼씬하지 못했어요

종동댁 노름 사건

꼭두새벽 이슬 차며 싸립문 열어젖힌 외삼촌 "박실아 박실아, 큰 일 났다." "오라베요 새벽부터 뭔 일인기요." "간밤에 박서방 노름하다 소 한 마리 반이나 일가버렸다. 우짜면 좋노." "자기 소 자기 일가뿌면 그만이지 우짜는교." 어무이 아무렇지도 않은 듯 말하였지요. 전대 두둑히 풀어놓고 하루낮밤 노름에 빠진 아부지 희붐해져 집으로 돌아오자 어무이 달다 쓰다 군말 한 마디 않고 흰 쌀밥에 소고기국 한 상 툭지게 차려내놓곤 너븐드리 말음들로 휑하니 나가버렸지요 밥 두어 술 뜨다만 아부지 복사꽃 핀 돌담에다 대고 "새벽에 보니 그 놈들이 짜고 치는기라 내 그놈들 사기 노름에 꼽다시 안 당했나 임자, 앞으로 다시 노름하지 않음세." 그 길로 영영 노름하고 작파해 버렸지요

훌찌이 주이소

말더듬이 바노 성님 산비알 묵정밭 갈아엎으려고 앞집 상식이 아재집에 훌찌이 빌리려 갔다 "조카 아이가. 꼭두새벽에 왠일이고." "아아…재에…에……요오." 서두 떼어놓고 도통 입이 떨어지지 않았다 이껏 지나 생각난듯 "…후………우우…울…찌이…" 상식이 아재 그제사 말귀 알아듣고도 어찌하나 보려고 풋바심해 온 여물 작두날에 밀어넣으며 시치미 뚝 떼었다 채약산에 해 다 떴겠다 짐짓 먼 눈 팔며 여물 썰어다 소죽 뜸들일 때 건넛집 상머슴이 "성님, 훌찌 빌려주이소." 그러곤 냉큼 들고 가버렸다 그제사 바노 성님 운짐 달아 "훌찌이, 훌찌이이이" 피양 감사 뒤 나팔 소리되었다

학질

예닐곱살 적 학질에 걸려 이저승 오갈 때 울어미 몸 정갈히 씻고 "조앙님요 조앙님요, 밀양 박씨 귀한 아들 고마 살려주이소." 아침저녁으로 빌었지요 열꽃 잔뜩 피운 막내아들 이불 둘둘 말아 아랫목 누웠지요 "귀신아 억세 귀신아, 썩 물렀거라." 객구 물린 정지칼 냅다 마당으로 내던지고 바가지 버썩 깨뜨려도 영 효험 없었지요 오뉴월 오봉산에 내리는 저녁놀 같이 괄괄하던 아부지 쯧쯧 혀 차다 몽당삽 지게에 얹어 문지방에 턱 걸쳐놓고 "사람 구실 못하는 놈 뒷산에 칵 묻어뿌야 하는기라." 벽력 소리 질렀지요 "환아, 환아, 너거 아부지 뒷산에 니 묻을라칸다. 고마 일나거라." 울어미 식겁하고 혼미한 나를 들춰업고 뒷집으로 자리 피해 갔지요 울 밑에 핀 봉선화처럼 감은 눈 뜨고 "어무이 배고프다. 밥 도고." 그 길로 미음 떠넣곤 자리 툴툴 털고 일어났다지요 울어미 심심하면 "너거 아부지는 삼신할미도 못갈는 사람인기라." 이 말 입에 달고 살았지요 봉선화꽃 그리 붉던 여름날도 다 저물었고요

달밤

추석빔으로 말표 검정 운동화 샀다 새 신을 신고 뛰어보자 팔짝 머리가 하늘까지 닿았다 신발장에 넣어두고 수업 마치고 나오자 깜쪽같이 없어져 버렸다 구멍 난 깜장 고무신 끌고 집으로 오자 아버지 아무 말씀도 안 하셨다 다음 날 교실 기웃거리다 한 아이가 신고 있는 검정 운동화, 철둑길 너머 그 아이집으로 갔다 싸립문 밀치고 들어가자 달빛 한 마당 댓돌 위에 돋을새김으로 놓여있는 검정 운동화, 인기척에 놀라 삐죽 방문 열고 나온 아낙에게 아버지 검정 운동화 까뒤집어 동그라미 보여주었다 자기네 신발이라고 우겼다 호주머니에서 채칼 꺼낸 아버지 "야야, 이 운동화 쥐거라." 싹둑 단칼에 잘라 저만치 내던져 버렸다 "너도 못 신고 나도 못 신는다." 아버지 뒤도 돌아보지 않고 펜하케 집으로 돌아왔다 달 그림자 길게 끌고 따라온 철둑길 마중 나온 달맞이꽃 노랗게 흔들리는 그런 달밤이었다

화준 할배

서른 살에 오릉 전참봉되어
왜놈 순사들 우르르 몰려와
허리 꽂꽂한 오릉 도래솔 다 베려하자
웃통 벗어던지고
—이놈들, 나 먼저 죽이고 저 소나무 베거라
그만 기에 눌려 없던 일로 조선솔 지켜내었다던
샘촌 밀양 박씨 동은공* 아래 으뜸 어른

민의원 참의원 내리 나와 문중 거덜내었다지
오봉산 아래 아름드리 소나무 다 베어내고
우리 아버지 중농의 논밭, 황소 스무나므 마리
다 팔아 선거자금 대었다가 쫄딱 망해서
대창 말음리 떠나 아화장터에 눌러 앉았다지
내 어린 날 풍채 좋은 화준 할배 무릎에 앉아서
희디흰 수염 잡아당겨도 고놈, 고놈하고
어여삐만 보아넘기던 화준 할배

오일육 군사혁명에 성공한 박정희 장군
숭덕전으로 써보낸 편지도 보았지

막내아들** 시조시인되었다고 잔치하던 할배
장손*** 딴따라패 따라 나서자 문중에서 파문하여
당신 살아 생전 얼씬도 못하게 하였지
그 할배 고래심줄 닮아서
남 다 작파해버린 서커스단 이끌고
조선 팔도 떠돌아다니며 허공에 그네줄 묶어
휘딱휘딱 단원들 날아다니게 하고 있지

천구백삼십 몇 년인가
허물어진 석굴암 앞에서
육당도, 최부자도**** 화준 할배도
꼬장꼬장 흑백사진 속에 남아 있느니

---

* 경주시 서면 천촌리에 터잡은 10대조 동은(東隱) 용수(龍壽) 할아버지
** 박상륜, 1971년 《시조문학》으로 등단, 시조집 『추국』, 『장자의 하늘』, 『박상륜시조전집』을 펴냄
*** 박세환, 국내에 유일하게 남아 있는 동춘서커스 단장
**** 육당 최남선과 경주 12대 만석꾼 최준

근식이 아재

밀양 박씨 한 파가
띠뿌리처럼 엎드려 사는
경상북도 경주시 서면 천촌리
오봉산 아래 노서등老鼠嶝* 골짜기
동은공, 정언공 할배 묘사날

유세차 모년 모일
흰 두루마기 펄럭이며
음복술에 거나하게 취하면
—아재요, 목탁소리 한 번 내 보소
불국사 아랫말 근식이 아재
못 이긴 척
오른 뺨에 바람 잔뜩 불어넣고
손으로 톡톡 두드리자
딱따그르 딱따그르
나무아미타불 관세음보살
딱따그르

갓 쉰 넘긴

근식이 아재 머리에
오봉산 흰눈 소복히 내려 앉았다

등 굽은 소나무도 딱따그르
천수경 따라 외우는 시월 상달
설핏한 하루해도 저물고

---

* 늙은 쥐가 물을 먹으러 내려오는 형국이라는 풍수설에 따라 산발치에 못을 파고 묘답을 만들었다.

수피 아재

아재요 아재요 수피 아재요
초닷새 건천장 혹은 초엿세 아화장
오뉴월 땡볕에 꽁보리밥 나물에 꾹꾹 무쳐 먹고
시큰둥 배꼽 다 드러내고 잠 험히 자던

수껑 꾸워 아화장 삼십리 발 부르터 달려오면
울 어메 찬물 한 바가지 먼저 내놓는다
수피 아재 수껑 묻은 얼굴로
물 한 바가지 벌컥벌컥 다 들이키고
펜하케 수껑 팔러가던

나무가 많아 수피라고 불렀던
경상북도 건천읍 산내면 우라리
중천에 해 걸려도 서둘러 길뜨던 아재
산짐승 동무 삼아 쑥재길 삼십리

까불이 아재

여름 무논에 동동 떠다니는 개구리밥처럼 한 자리 진득하지 못하는 상한 아재 샘촌으로 경주로 부산으로 대구로 산지사방 떠돌아 다녔지요 어느 해이던가 줄줄이 새끼 달고 예닐곱 번 이사 다니자 아버지 까불이라 이름 붙였어요 초여름 무논에 밴댕이 소갈딱지로 들까부는 개구리밥처럼 까불이 온다 까불이 온다 그렇게 불렀지요

어이쿠, 이 사람아

케케묵은 문중산 지키며
일가붙이 궂은 일 도맡아하던
북 장구 꽹과리 잘도 두들기던
할배요 아재요 형님요

이 사람 보거래이
아둥바둥거려도 저승 갈 때
땡전 한 푼 못 가지고 간데이
사람 사는기 머 별기가
살아 생전 도탑게 정 나누고
사람 구실하다 죽으면 고만 아이가
내사 자식들 끈이나 다 붙이고 가면
이승에서 할 일 다 했는기라

이 사람아
자네 나하고 척질 일 머 있겠노
만약에 해묵은 마음 남아 있거던
탁배기 몇 잔에 훌훌 털어버리고
고마됐니더

그라머 안되겠나
어이쿠,
이 사람아

고마 됐다

*

미군부대 목수일 다니던
자그만 키에 나긋나긋한 왜관아재
일년에 서너 차례 문중일 가려면
아화 장터 우리 집부터 찾는다
—형수님 잘 계셨던기요
—왜관 아즈바님 오시는교
반갑게 물국수 내어놓으면 뚝딱 비우고는
—형님 담배나 사 자시소
슬그머니 무릎팍 아래 천원 짜리 밀어놓고
서둘러 샘촌 십리길 나선다

*

동짓날 문중회의는
기름 자르르 햇쌀밥에
툭사발이 추어탕 한 그릇 뚝딱
옹가지 남실남실 막걸리 부어놓고
금간 바가지 띄워두면 짠지가 지맛이지
피안 할배도 송천 아재도 난오 형님도

어느새 단풍 들었나
배추잿이 문서 다 찢어버리고
올 농사 숭년들었다 안 카나
멱살잡고 한바탕 난리법구통 나면

잔정 많은 왜관 아재
우사스럽게 집안 끼리 와이카노
고마 됐다, 그 한 마디에
그렇게 그렇게 파장이 나고

큰고모

북해도 탄광 함바집해서
큰 돈 모았다는 큰고모
징용에 끌려온 막내동생 빼내었다는
얼굴 한 번 본 적이 없는
우리 여장부 큰고모

시모노세키항에서
관부연락선 타고
친정식구 데리러 나오다가
배 안에서 아들 낳고 죽었다

88올림픽 때 관광가이드로
잠시 외갓집 다녀간 고종사촌
젖배 곯아 자그마하던 하나꼬 누나
그 아래 소아찌 형

편지 속에 흐미하게 남아 있는
큰고모네 종내 무소식이고

꽁보리밥

늦아침 먹고
아랫샘촌 지나
아화초등학교 천촌분교
맹물 한 바가지 다 들이키고
삼십리 쑥재말랭이 처음 넘었다
홀쭉한 배 허리에 찰싹 붙었다

수피아지매 내어놓은
소쿠리에 퉁퉁 불은 꽁보리밥
두레박에 갓 길어 온 찬물에 말아
담 밑에 애기손바닥만한 머구잎
날된장에 쿡 찍어 후루룩
다 먹어 치웠다

내 살아 생전
영영 잊혀지지 않는
그 날의 꽁보리밥

니캉 내캉 살자

천장에 솔가지 껌정 천지다
울어미 부뚜막에 정화수 떠놓고
찬장 위에 이빨 빠진 초병
아침저녁으로 흔들어
니캉 내캉 살자
백년 천년 사알자

조선무 충충 썰어 고추장에다
시큼한 식초 부어 버무리면
어느새 바닥나 막걸리 더 부어놓고
울어미 꼭두새벽 초병 흔들어
내캉 니캉 살자
천년 만년 사알자

임자, 만약에……

내가 먼저 죽거던
막내 끈은 당신이 붙이고 오소
말씀대로 이승 뜨시고

서른 다 되도록
칠락팔락 떠돌던 막내아들
팔순 어머니 빈 손 털고 앉아서
용케, 끈 붙였다

시집만 빼곡 들여다놓은 삭월세 신혼집
새벽잠 옅은 아버지, 먼먼 저승길 돌아와
막내아들 밥술이나 뜨고 살라고
소 달구지에 옹기 한 바리 싣고 와
터억, 마당에 부려놓고
다녀 가셨다 소문도 없이

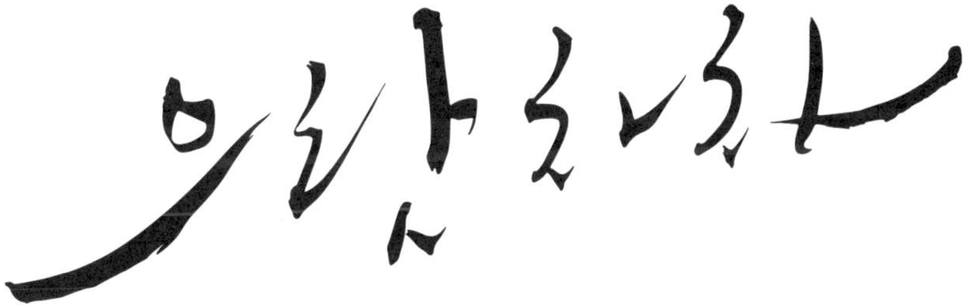

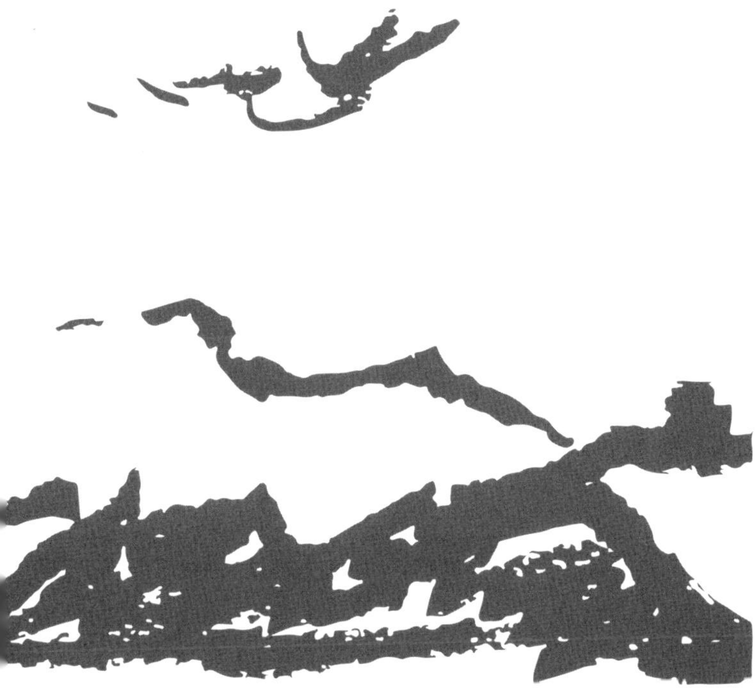

조선 팔도

괴나리봇짐에 정자관 고쳐쓰고
잊을 만하면 아화장에 나타나는 사람
—오랫만이시더, 조선팔도 아잉기요
—잘들 있었지라
난전 바닥에 반말투로 터억 걸터앉아
곰방대 꾹꾹 눌러 연신 빨아대면서
손금 관상 당사주도 곧잘 봐주는 사람
바람벽에 붙일 그림 한 장 청하면
몽당붓 조선종이에 몇 번 쓱쓱 그으대면
대나무도 되고 비 오는 대나무숲에
어흥어흥 호랭이도 두어 마리
동지팥죽 한 동이보다 영험한 호랭이 물고 갈
그런 밤도 처억척 그려내는 사람
파상 무렵 휘적휘적 뒤도 안 보고
먼 길 나서는 사람

고지기 권씨

작달막한 키에 뱁새눈이 권씨
목소리 하난 근동에서 그 중 나아
또랑또랑 물소리로 닦여 나오는
그리운 목소리

홰치는 장닭 소리로
새마을 스피커도 없던 꼭두새벽
이슬 젖은 골목골목 누비며
부·역·나·오·소

큰물에 거랑가 집 떠내려 가고
거적대기 빗장문 바람만 숭숭
사흘에 핏죽 한 그릇 못얻어 걸려도
툭툭 털고 일어난 고지기 권씨

희맑은 밍경알 목소리로
윗말 아랫말 누비며
부·역·나·오·소

사라호 태풍

대추 돈 사야 추석날 제사 지내고 살풋 잠든 사이 우당탕탕 사라호 태풍 몰아쳤다 안장테 583번지 각성받이들 거랑가로 다 몰려나와 큰물 걱정하고 있을 때 집 떠내려와 다리에 걸려버렸다 순식간에 황토물 마을로 내리덮쳐 물바다되었다 허리까지 물 차오르자 어린 나는 작은 아버지 등에 업혀 방앗간으로 피난 갔다 아버지 솜바지 가랭이 질끈 묶어 소주 가득 넣고 뒤따라 왔다 애기 못 가는 신작로 이태리 포플러 뿌리채 뽑히고 전봇대 다 넘어졌다 마을 사람들 방앗간 방에 모여앉아 빈 속에 소주병 나팔 불이다 마셔버렸다 불콰해져 아화 들판 황토물 천지 내다보며 아이고 어무이요 아부지요 아이들 산 입에 거무줄치게 생겼구마 어짜면 좋은기요 부처님요 하늘님요

임오관

목수일 다 팽개쳐 두고
투전판에 싸움판에 술주정뱅이
개망나니 임오관

서른살 때라던가
염산에 온몸 적셔
눈 멀고 팔다리 댕강 잘려
겨우 목숨 부지한 산송장 어미
금부처로 모시고 사는

술 취해 큰 길 한 복판에서
고래고래 고함 지르다가도
당달봉사 어미만 나서면
어무이 왜 이러시는교 그만 가입시더
답싹 등에 들춰업고 내달려 오는

상귀신 어미 앞에서만
세상 그 어떤 눈물도 다 몰아내는
효자 임오관

무당 땡삐

몸이 아파서 밤마다 몸이 아파서 징글징글 봄이 아파서 둥둥둥 신내린 몸이 아파서 최영장군 몸주 모신 무당 땡삐 뒷통수에 대고 할 말을 그것도 사람 면전에다 대고 톡톡 쏘아부친데서 땡삐 철물점 박씨와 하룻밤 만리장성에 그만 발목 붙들린 무당 땡삐

긴긴 동짓밤 안택굿한다
무당 휘파람에 공진이 불러다
맨발로 작두춤 잘도 춘다
동네 아낙들 신내린 대나무 잡고
무사 무탈 운수대통 잘 살게 해주이소
밤새 두 손 싹싹 빌고 또 빌었다
아이 빠져죽은 애기못 안에서
밤새 부잉이가 울어쌓고
둥둥둥 북 울려라
긴긴 동짓밤

우렁각시

*

가갸거겨고교구규
여름 무논에 개구리 소리
논바닥 온몸으로 기어다니던 우렁각시
나락 베어낸 소 발자국에 몰래 숨었다
일자무식 떠거머리 총각한테 붙들려
컴컴한 드무에 갇혔다지
하그리 심심한 우렁각시
밤마다 몰래 드무 빠져나와
밥도 해 놓고 빨래도 해 놓고
얄궂은 일도 다 있제
문구멍으로 숨어 보는 줄도 모르고
꼬리 밟힌 우렁각시 답싹 안아다
긴긴 겨울밤 더디 새오기를
알강달강 안아 뉘여서
아들 낳고 딸 낳고
알콩달콩 살았다지

*

어느 해이던가
유랑극단 따라 왔다
끈 떨어져 그만 주저앉은
신라이발소 뚝발이 작은 댁은
덧니 고운 우렁각시

미친 개 온다

중복날 해질 무렵 길게 혀 빼물고 질질 침 흘리며 돌아다니는 누렁이 어제까지 멀쩡하던 뒷집 누렁이 컹컹 도둑도 잘 지키던 누렁이 어디 가서 몹쓸 병에 걸렸나 "야, 미친 개 온다." 집집마다 방문 안으로 걸어 잠그고 꿈쩍 안 했다 심부름 갔다 오던 아이 으악, 미친 개한테 물렸다 먼지 자욱한 한약방 약장 깊숙이 넣어두었던 화산갈* 손바닥으로 싹 부벼 물에 타 등 뒤로 넘겨 마셨다 그 아이 말짱하게 잘도 뛰놀았다

* 사람이 걸어가는 길 앞을 톡톡 앞질러서 연달아 뛰어 날으는 길앞잡이, 한약재로 반묘(斑猫)라 일컫는다. 경주 지방에서는 광견병에 영천 화산갈이 특효로 알려져 있다.

조각자나무

소전거리 한약방 작달막한 키에 뒷짐지고 팔자걸음 김노인 상갓집 가서 고봉밥에 탁배기 거나하게 얻어 먹고는 얌생이 수염 배배 꼬고 앉아서 "오늘 누구 죽었는교." 자잘궂었다 천장에 매달린 가시오가피 골담초 꼭두서니 당귀 황기 천궁 백출 우황 감초 익모초 고삼 하늘수박 누런 약봉지 하 세월 없이 달롱거렸다 마당에 아름드리 조각자나무, 발목 삔 아이가 오면 김노인 대침 꺼내놓고 한참 뜸 들였다 가을 햇살에 쌉사레 잘도 익는 콩꼬투리 겁에 질린 이이 그예 울음 뚝 그쳤다

퉁감자영감

얌생이 두어 마리 놓아먹이는
고깔산 아래 뒷골 퉁감자영감
누가 산에 올라 소깝이라도 꺾을라치면
쩌렁쩌렁 산 우는 소리로 호령하던

태산같이 진 나뭇짐
우쭐우쭐 산 하나 걸어온다
나이도 잊은 그 봄산 허리춤에 선연히 물든
진달래 꽃방망이 수타게 꽂혀 있다
아화장 시오리 단숨에 내달려 와
장터 바닥에 봄냄새 좌악 펼쳐놓는다

이 사람 퉁감자 아닌가베
어깨 툭 치면, 새집 머리 긁적이며
사람 좋은 웃음만 흘리던

대장간 어물전 옷전 난전 기웃거리다
시장기에 후르르 물국시 말아 떼우고
홀어미 땡촌네 찰떡도 우물거린다

파장 무렵 불콰해진 얼굴로
간고등어 한 손 지게 꽁무니에 매달고
퉁감자영감 흥얼흥얼 가는
뒷골 시오리길

으랏차차

삼거리 물똥장군 삼천리호 자전거에 라디오 싣고 잘도 나간다 팔월 대보름달 아래 어물전 장터마당 씨름대회 효도상회 데릴사위 황씨 신라이발소 용숙이 아버지 김부잣집 호식이 연탄가게 늠이 국수공장 작은 숙이 자전거방 이씨 안장테 벙어리 춘자 빼드렁니 비렁뱅이 검둥이 둥그렇게 달무리 이루었다

앞무릎치기에 오금당기기 밭다리에 빗장걸어도 꿈쩍 않는 물똥장군 아랫배 출렁 뱃심 한 번 주고 으랏차차 들배지기 들어간다 오봉산도 고깔산도 오른쪽 엉치에 걸쳤다 힘껏 내리꽂는다 와아! 함성소리에 모래 한 줌 휘익 뿌리고 우리 물똥장군 으랏차차 황소 타고 나가신다 길 비켜라

맹호영감

노름 뒷돈 대주고
피도 눈물도 없이 논밭 긁어 모은
삼거리 수전노 맹호영감
호랭이도 물어가지 않을 구린 돈
장농 깊숙히 숨겨두었다
노잣돈 한 푼 가져가지 못하고 죽었다지
쪽쟁이 자식들 애비 시신 빈디시 눕혀놓고
돈 가져 가려고 치고받다가
곳간 텅텅 비어 쫄딱 망했다지
부자 삼대 못간다고 수군거리는 바람결
귓등으로 흘려 들었다지

꼬랑지에 불 달고

범이네집에 불 났다
초엿세 아화장날 다릿거리
구름떼서리 장꾼들 몰려나와
발 동동 구르며 구경했다
의용소방대 살얼음 끄고
영차영차 물호스 연신 뿌려대어도
고래등 골기와집 시뻘겋게 달아오른 기와장
수십길 피잉핑 날아다녀 범접 못했다
뒷간에 묻어둔 해묵은 김칫독
뻥뻥 대포알로 터지고
마굿간에 매어둔 누렁이 암소
눈물만 찔끔찔끔 끌려나오지 않았다
꼬랑지에 불 붙은 송아지
동네방네 길길이 뛰어다녔다
대낮에 휘이익 날아다니는
톳제비불 같이

서으로 가는
돌거북처럼

운대에서

님이
잠시 앉으신
그 자리

오봉산 허리
비안개 피어 오르면
새로이 눈뜬 하늘이 있어
해와 달, 별도 건달바도
눈끔쩍이 사내의 짝사랑도
잠시 앉았다 간

향그런
오색구름
그 자리

내 사랑은
—선덕의 독백

내 사랑은
푸르른 동해 앞바다
수천 길 물 속에 숨겨둔
얼음불이어요

하루를 천년 같이
탑 곁에서 잠든 당신의
잠 속에 놓아둔
황금 팔찌

피와 살로 문지른
둥그런 하늘이 열려 있어
거기 또 새로이 피어나는
연꽃이 있어

천년을 하루 같이
타오르는 얼음불이어요
내 사랑은

화답

포산에는 도성과 관기 두 스님이 살았습니다 관기는 남쪽 암자에 도성은 북쪽 도통바위 아래 토굴에 머물렀지요 보고 싶은 마음이야 새로 돋는 보름달만큼이나 하겠지만 꾹꾹 눌러 면벽 수도하였지요 더 이상 견딜 수 없는 마음일 때 나무와 풀들이 남쪽으로 몸을 굽히곤 하였습니다 그러면 도성이 내가 보고싶은 게로군, 하곤 시치미 뚝 떼고 돌아앉곤 했습니다 이런 기미를 눈치챈 나무와 풀들이 또다시 북쪽으로 몸을 구부려 화답의 마음을 실어 보내곤 하였습니다

황룡사 봄날

황룡사 빈 터에
흰제비꽃 피었다
피지 않은 흰제비꽃 위에
아, 신라 천년
더딘 봄꿈도 얹혀 있다
구층 목탑 아래
구름 비낀 하늘 있고
하늘 눈썹 아래
달롱거리던 풍경
끝간 데 없이 밀고 가면

쓰윽쓱
시간을 붓질한
귀얄구름 끝에
나앉은 노고지리
저 혼자
뭐라뭐라
곤지랑거려쌓는
봄날에

선도산 위에
성모聖母님*
흰제비꽃 방석 아래
가섭불迦葉佛**도
계셨느니

* 삼국유사 권5 제7 감통편(感通篇)에 "나는 선도산 성모인데 네가 불전을 수리하려는 것을 기뻐해서 금 열 근을 주어 그 일을 돕고자 한다. 내 자리 밑에서 금을 꺼내어 주불 세 개를 장식하고, 벽 위에 오십삼불과 육류성중 및 천신과 오악의 신군을, 그리고 해마다 봄과 가을 두 계절의 열흘 동안 남녀 신도들을 많이 모아 널리 모든 중생을 위해 점찰법회를 베푸는 것으로써 일정한 규정을 삼아라."고 적었다.

** 삼국유사 권3 제4 탑상편(塔像篇)에 "신라의 월성 동쪽 왕궁의 남쪽에는 가섭불의 연좌석이 있는데, 그 곳은 곧 전불(前佛)시대의 절터다. 그리고 지금 황룡사의 지역은 곧 일곱 가람(伽藍)의 하나다."라고 적었다. 가섭불은 과거 7불의 여섯번째 부처로 사람의 나이로 2만 세 때 세상에 나서 정각(正覺)을 이루었다고 한다.

말이 많다

—원효의 일화 한 토막

원효는 반은 스님으로 반은 비렁뱅이로 살았습니다 이건 신라 사람들은 다 아시는 이바구이지만 요석공주에게 수작을 걸어 하늘 떠받칠 도끼자루도 하나 터억 맹글어놓고는 고리타분한 스님 행각도 내려놓고 마음 가는 대로 거리낌없이 돌아 댕겼습니다 이런 대덕大德의 턱에 주먹 한 방을 직방으로 날린 뱀새끼 아이의 신통방통한 이바구가 또 하나 보태져 전해지곤 합니다

서라벌 변두리인 만선북리萬善北里에 한 과부가 애비도 없이 몰래 아이를 베어 낳았습니다 열두 살이나 먹도록 사복蛇伏이는 말도 못하고, 일어나지도 못한 채 방구들 위를 살살 기어 다녀 동네 사람들이 뱀새끼 뱀새끼 그렇게 불렀지요 어느 날 어미가 꼴깍 이승의 숨을 거두자 그도 어쩔 수 없다는 듯 툴툴 털고 일어나 앉아 딱히 부탁할 데도 없고하여 원효를 찾아 갔습니다 원효가 반갑게 사복이를 맞았으나 이 뱀새끼는 좋다싫다 내색도 하지 않고는 "니하고 내가 전생에서 보던 불경책을 싣고 다니던 암소가 지금 죽었다. 함께 장사 지내지 않겠는가?" 뜬금없이 요렇게 뇌까렸습니다요 원효가 듣고보니 그럴 듯도 하여서 "그래 좋다" 그 길로 사복이를 따라 나섰습니다

차거운 시체 앞에서 원효가 "나지 말지어다. 죽는 것이 고통이니라. 죽지 말지어다. 나는 것이 고통이니라." 위로차 한 말씀하자

사복이가 "말이 많다." 요로코롬 티박히지 "사는 것도 죽는 것도 고통이니라." 원효도 어쩔 수 없이 줄여서 말하였습니다요

둘이 상여를 메고 활리산活里山 동쪽 기슭으로 가 "지혜 있는 범을 지혜의 숲으로 장사 지내는 것이 마땅하지 않는가."하고 원효가 운을 떼자 사복이는 이승사람이 아닌 듯 지긋이 눈을 감고는 "석가모니처럼 우리도 연화장蓮華藏 속으로 들어가려 하네."하고 깨달음의 시를 읊은 뒤 띠풀을 뽑아내자 커다란 굴헝이 나타났습니다 사람 하나 들어갈만한 굴헝 안쪽에는 금빛 누각과 갖가지 꽃들이 피어 있어 인간 세상과 영 딴판이었어요 사복이가 제 어미를 업고 굴헝 속으로 들어가 버리자 어느새 아무 일도 없었다는 듯이 땅이 메꾸어져 다시는 찾을 수 없게 되었습니다요 신라사람들은 전생과 현생, 내생의 이야기를 두루 하나로 엮어서 천년 뒤 먹구름 잔뜩 낀 오늘날에까지 또다시 들려주곤 합니다

지팡이를 경배하라

능소화 붉은 그늘 후줄근히 걸터앉는 동국대학교 담벼락 끼고 석장사 가는 길 마을쪽으로 바삐 건너가다 들킨 칡넝쿨에 발목 잡혀 몇 번이나 잘못 든 길 되돌아 나와 당신 찾아 갔지요 현곡 見谷 弦曲 玄斛 現哭 글자들 눈에 밟히더군요 끝없는 지렁이 울음길 축축한 한 끝을 밟고 길게 휜 시누대 빈몸 바람이 되받아주곤 했지요 시간의 흔적이란 불탄 검불과 무엇이 다르겠는지요 아무렇게나 파널린 발굴 현장 이마 깨진 기와 쪼가리 저승꽃 흐릿한 명문銘文에도 다녀간 비의 흔적 뚜렷합니다 당신 여윈 몸 바람에게 다 내어주고 속살 드러낸 흙더미 귀화식물만 듬성듬성 퍼질러 앉았지요 불에 덴 아린 상처 챙넓은 잎으로 가린 미국자리공 검붉은 열매만 나 여기 있어, 나 여기 있어 손사래치면 나도 귀화인간 아니겠어요 당신은 지팡이로 경을 삼았지요 모지라진 주춧돌만 남은 빈터 몸 드러내지 않는 당신 햇살에 눈 찔린 미국자리공 지팡이 끝에 매달아 둔 빈 자루 세간世間으로 날아갑니다 저 혼자 저문 세상 떠돌며 딸랑딸랑 벙어리말씀 흔들어 당신 품으로 깃듭니다 당신이 키운 굴참나무 바람 불지 않아도 떽떼그르 목탁 소리냅니다 길게 휜 지팡이에 내 마음 걸어두면 당신에게로 날아 가겠는지요 냅다 머리통 갈기는 벽력 소리 산벚나무에 걸어두면 철늦은 마음에도 하르르 눈꽃 피우겠는지요

---

* 박진형의 제2시집 『풀밭의 담론』에 실린 것을 다시 옮겨 싣는다.

서으로 가는 거북돌처럼

마음 둘 데 없어
남산 용장골짜기 오른다
둥그렇게 밀개떡 빚어놓은 돌탑 곁
수천 길 낭떠러지 붙들고 놓아주지 않는
거북돌 하나

등짝에 쩍, 금이 간
도무지 나이를 알 수 없는
등굽은 조선솔 짊어지고
어디로 가시려는가

봄날의 진달래꽃
뉘엿뉘엿 한 생도 저물어
등짝에 금강경 새겨두고
서으로 서으로 가는
거북돌처럼

썹들 논배미

어른들 어흠어흠 더러는 외면하고
더러는 눈끔적이로 쳐다보는
오봉산 여근곡女根谷 한 가운데
하도나 맑은 샘물이 솟아나
발 아래 썹들 사시사철 먹여 살린다
보리 베어내고 새로 낸 모 새파라니 잘도 자란다
어느 해이던가 썹들 아래 처녀애 바람이 나자
허허 또 어인 고얀 놈, 고얀 놈이
지게작대기로 샘물 휘젓었는고
동네어른 헛기침에도
썹들 논배미 씨나락 차지게 여물겠다

---

* 어느날 영묘사에 한 겨울에도 개구리가 울었다. 선덕여왕은 서북쪽 30리 밖에 가면 여근곡이 있으니 군사를 보내어 백제군 500명을 섬멸하였다. 이곳은 음기가 강해 군사가 꼼짝 못하고 전멸하였다고 한다.

신라 입말을 찾아서

둥굴마을 솔인각단 권순채는 소선딱종이 같은 사람, 어릴 적부터 설핏한 눈으로 구름술패랭이하고만 놀았다 육십 평생 경주땅 한 발짝도 떠나지 않은 농사꾼, 벼농사 보리농사 밀농사 콩농사 자식농사 틈틈이 고분발굴현장 잡역부로 떠돈다 소형 오토바이 타고 내남면 홰나무거리 술구름고개 질매재 아랫서나무백이 새앙만디 장자태 봉화태 복판등 분등 물밤번디기 장수미 예수바우 여심이 느븐드리 무지태* 자트락길 불이 나케 부르릉거리고 다닌다 아무도 거들떠보지 않는 신라 입말 주워다 공책 속에 채곡채곡 알곡 채우는 일, 그중 큰 농사로다

* 권순채, 『토박이 땅이름』(1993, 그루) 27~28쪽에서 따옴

금동절, 없다

아화초등학교 4학년 봄소풍 때 처음 가 본 금동절. 서오 지나 아랫샘촌 지나 윗샘촌 원당골 지나 땀벅벅 한나절 산꼭대기 아래 가무치 콧구멍만한 금동절, 느티나무 아래 낡을대로 낡은 대웅전 단청 아래 한 자 가웃 애기부처님도 계셨느니 오십년 지나 휭하니 찾아간 문패 바뀐 금정사, 이끼 말끔 거둬낸 삼층석탑 나란히 서 있다 서면농협장하다 퇴직한 동기 이름도 턱 하니 공덕비 속에 새겨져 있다 108번 시내버스 운전하는 불알친구 정규, 밴댕이 소깔딱지 시인보다 몇 배나 속이 깊어서 너털웃음 잘도 웃는 초로의 사내, 쉰 줄에 대충 머리 벗겨져 애기부처 같다 어설픈 심마니되어 산삼 수십 뿌리 횡재하고도 제 입에 한 뿌리도 넣지 못하는 바보 사내, 그래도 세상 떠돌며 심봤다고 웃음보시하는 금동절 애기부처 같다

어붕골 폭포, 있다

어릴 적 어머니와 물 맞으러 간 어붕골 폭포, 이순 명치 끝에 걸려서 꼼짝하지 않는다 꿈 속에서 놋날으로 쏟아지는 물줄기 두들겨 맞았다 폭포 아래 알발로 낄낄거리며 잡던 가재 누가 다 가져 갔을까 쏟아지던 폭포물 옥양목 수건 머리에 두른 어머니 좀 에로틱하게 물 맞았다 장사하고 농사짓다 굽은 허리 잠시 호강했겠다 다시 와 본 어붕골 폭포, 반쯤 바위덩이 굴러내려 찔찔찔 오줌소태 물줄기 아래 원당골 옛주인 종한, 왕자王字 복근 다 내어놓고 목물한다 다시는 올 일 없을 듯한 어붕골 폭포 연속으로 스마트 폰 찍어대면 물뱀 쓰윽 지나간 웅덩이에 화들짝 놀란 소금쟁이 타닥타닥 소금 치고 있다

이순의 새벽

새벽 다섯 시
처음 보는 새가
메타세쿼이어 높다란 가지 끝에 와서
송현동 꼭두새벽 흔들고 있다

어디에서 많이 본 듯한
여태 한 번도 본 적이 없는
자르르 동백기름 바르고
은비녀 꽂은

아프지 말라고
달포 째 시마詩魔에 끄달려 욕 본다고
꽁지 하얀 어미저승새가
저 혼자 울고 있다

내 시의 원적지

1

고향이란 말에는 돌미나리 냄새가 난다. 코 끝을 간지르는 그 향기는 비록 가난과 질곡의 세월을 거쳐온 슬픔이거나 애환일지라도 유년을 보낸 아화리는 내 시의 원적지原籍地이다.

마르셀 프루스트의 『잃어버린 시간을 찾아서』에는 일리에 콩브레 마을이 나온다. 일리에는 실제의 마을이고, 콩브레는 허구의 마을이다. 스완네 집 쪽에서 불어오는 바람처럼 내가 태어나서 자란 아화는 실제의 마을인 동시에 허구의 마을이다. 반세기 전 그곳에 살았던, 지금도 살고 있는 사람들의 투박하고 왁살스런 남녘사투리에는 애틋한 정겨움이 묻어있다.

아화는 면소재지로 도시도 농촌도 아닌 반촌半村으로 흡사 영화 세트장 같은 곳이다. 국도 7호가 통과하는 실 양쪽으로 쭉 늘어서 있는 상점들, 겉으로 보면 반세기 전과 별반 다르지 않다. 그러나 낯익은 간판인 신라이발소, 효도상회, 천일약국, 성광상회, 자전거방, 농약상회, 연탄가게, 국수공장, 떡방앗간 등은 오래 전에 깃발을 내렸고, 거기 살았던 연로한 사람들은 대개 세상을 떠나고 없다. 왁자지껄한 장꾼들로 번성하였던 오일장도 이제 시대에 밀려나 한산하다. 낡은 함석지붕 아래 어물전, 옷가게, 과일가게, 철물점들이 다 빠져나간 쓸쓸한 장터 풍경, 이곳은 시적이라기 보다 산문적이다.

2

〈꼬마물떼새〉의 시편들은 유년의 판도라 상자 속에서 꺼낸 것들이다. 드문드문 경부선 열차가 지나가던 아화역, 장꾼들의 물건을 실어 나르던 조랑말의 방울소리, 눈 내린 들판 가운데 서 있는 교회, 소를 먹이러 갔던 진등말랭이, 봄소풍을 가던 심곡 수리못, 배무쟁이 골짜기 등등 나의 시의 소재가 된 익숙한 풍경들이다.

난전이 빼곡이 들어서던 병임이네 배꼽마당은 발 디딜 틈이 없이 장꾼들로 붐볐다. 아낙들이 풀어놓는 보따리에는 산나물과 과일, 곡식 등으로 다채로웠다. 옷가게와 대장간, 국수집과 떡방앗간에서 떡을 만드는 구수한 냄새, 어물전에는 철마다 바다에서 올라오는 해산물이 달랐다. 겨울이면 돔베기와 팔뚝만한 복어를 팔았고, 허기에 못이겨 복어알을 주워다 국을 끓여 먹고 죽은 사람도 있었다.

오봉산에 설핏하게 저녁해가 걸리면 하나둘 장꾼들이 빠져 나간 배꼽마당은 아이들 차지이다. 학원도 없고, 마땅히 놀 곳이 없었던 동네 아이들은 이곳에 모여 구슬치기, 딱지치기, 땅따먹기, 숨바꼭질, 고무줄놀이를 하였다. 아이들 머리 위로 낮게 날아다니는 빨간 고추잠자리떼는 글자를 못깨친 아이 대신 하늘에다 대고 뱅글뱅글 한글공부를 하였다. 배꼽마당은 장꾼과 아이들과 고추잠자리가 하나로 어우러진 공감각의 광장이었다. 놀이터인 동시에 교과서 밖의 또다른 학교였다. 시 「배꼽마당」이 태어났다.

초가 지붕 위에는 박꽃이 아슴아슴 피어나는 저녁답이면 아이들을 부르러 오는 어머니의 정겨운 목소리가 들렸다. 성광, 영근, 병임, 만태, 용해, 승규, 내진, 작은 숙이, 늠이, 용숙이, 영숙이, 향숙이, 봉화 등 그리운 얼굴들은 이제 반세기를 건너 초로의 나이를 먹었다.

3

아버지는 근본적으로 사람들을 좋아하였다. 경로당이 없던 시절, 우리집은 동네 사랑방이었다. 늦둥이인 나는 노인네들이 치는 육백이나 민화투를 등 너머로 배웠으며, 노인네들이 풀어놓는 인생의 쓰디쓴 회한의 이야기를 훔쳐 들으며 자랐다. 연로하신 부모님 슬하에서 자라 부끄럼이 많았고, 또래 친구들에 비해 애늙은이였다.

초등학교 6학년 무렵 시에 처음 눈을 떴다. 어린이 잡지에 실린 동시 때문이다. 누구의 작품인지 기억에 나지 않지만, "풀잎 끝에 맺힌 이슬이 아침 햇살에 떨어져 죽는다."는 내용이었다. 나는 이 동시를 읽는 순간 감전된 듯한 충격을 받았다. 이 경험 이후 시에 물들기 시작하였다.

나는 시에 마음이 빼앗긴 뒤부터 아이들과 어울려 놀기보다는 혼자 책을 보거나 들로 산으로 돌아 다녔다. 가을 하늘과 구름, 풀꽃과 바람에 귀를 기울이며 스스로 왕따인 아이가 되었다. "1+1은 왜 2인가요, 계란은 왜 타원인가." 등 황당한 질문으로 선생님을 곤혹스럽게 만들곤 하였다.

이 때의 기억이 「왜 안되나요」, 「이슬의 시」로 재구성하였다.

4

내 시의 원적지가 아화라면, 문학의 탯줄은 어머니이시다. 용궁 전씨龍宮 全氏 양반가의 긍지를 일생동안 품고 사셨다. 당신이 아무리 힘들어도 그 정신적 지주만은 놓지 않으셨다. 아버지는 수십 마리의 소를 끌고다니는 소장수로 한량이었다. 두주불사의 술 실력에 잡기로 날밤 새는 줄 모르고, 거기다 피붙이에 대한 애정이 극진하였다.

그러하니 10촌이 넘는 아재(한학자 박화준)가 해방 뒤 경주에서 두 번이나 국회의원에 출마하자 문중 재산은 물론 우리 집안도 선거자금을 대었다 거덜이 났다. 중농의 가산을 파산내고 대창 말음리에서 고향 비탈인 아화리로 이사하였다. 시 「화준 할배」의 모티브이다.

어머니는 문맹이었으나 어느 누구보다도 현명하셨고, 셈속에 밝으며 도량이 넓으셨다. 아화 국도변에서 구멍가게를 차리고 생계를 책임지셨다. 아무리 어려워도 눈속임과 막걸리는 팔지 않았다. 물국수는 건져 팔았으나 손으로 직접 따르는 막걸리는 절대 팔지 않았다. 그것은 반가의 체통 때문이었다. 중년에 부농의 살림을 다 거덜내고 고향 비탈로 옮겨온 내력 탓으로 어머니는 참으로 한많은 생을 사셨다.

5

〈서말치 무쇠솥〉 시편들은 피붙이들에 대한 시이다.

어린 날 눈 앞에 위압적으로 솟아있는 오봉산은 늘 나에게 무언의 예시 같은 걸 들려주었다. 북쪽 봉우리 아래 마을 천촌리는 밀양 박씨 집성촌이다. 샘이 많고 물맛이 좋은 천촌에는 동은공과 사간원 정언을 지낸 할배 묘소를 중심으로 거대한 문중산에 기대어 띠뿌리처럼 친척들이 모여 살았다.

언제 보아도 애틋한 그리움이 묻어나는 일가들이 문중 벌초나 묘사, 동지 문중회의, 집안 대소사 때는 천촌으로 가는 길목인 우리 집에 들러 쉬어가곤 하였다. 비록 가난했으나 어머니는 손 큰 여장부였다. 식사 때는 밥이 없으면 국수라도 말아내고, 찬물이라도 한 그릇 먹여 보내야 당신 직성이 풀렸다. 부모님은 친척들에게 살가운 정을 내었다. 「근식이 아재」, 「수피 아재」, 「까불이 아재」, 「고마 됐다」 등

몸으로 부딪혔던 피붙이들에 대한 시들이다.

또한 〈으랏차차〉 시편은 아화리 사람들이 펼쳐놓은 생의 파노라마이다. 내가 유년을 보낸 1960년~1970년 초반까지 십년 남짓의 시간을 두부모 자르듯 기억의 퍼즐을 맞추어 「조선팔도」, 「고지기 권씨」, 「임오관」, 「무당 땡삐」, 「우렁각시」, 「퉁감자영감」, 「으랏차차」 등 오봉산 아래 사람들을 시화하였다.

6

〈서으로 가는 돌거북처럼〉 시편은 『삼국유사』 속 신라이야기이다.

신라 왕성王城인 서라벌에서 서북방으로 30리 떨어진 아화 오봉산은 적군의 침입을 막는 군사요충지였다. 단석산, 작천, 부산성, 오봉산 정상의 마당바위 등은 김유신 장군의 전설이 서린 곳이다. 오봉산은 화랑 득오가 죽지랑을 기리는 향가 「모죽지랑가」의 배경이다.

동쪽 골짜기 아래 흡사 여성의 성기를 닮은 여근곡女根谷이 있다. 선덕여왕의 세 가지 예지 중의 하나로 여근곡 속에 숨어 있던 백제군 500명을 전멸시켰다. 맞은 편 운대리 야트막한 언덕 위에 나왕대羅王臺가 있다. 선덕여왕이 잠시 앉았다 쉬어간 간 자리이다. 진달래꽃 화창한 봄날, 선덕여왕의 행차를 백성들이 모두 나와 반겼으리라. 활리역 떠거머리 총각 지귀도 먼발치에서 여왕을 물끄러미 바라보았을 터. 그리하여 불경스럽게도 지독한 짝사랑쟁이가 되었다. 이런 여린 백성의 마음을 어루만져주는 여왕은 신하를 시켜 영묘사 탑 아래서 지귀와 데이트 시간을 약속하였다. 그러나 애석하게도 지귀는 깜빡 잠이 들고 말았다. 여왕은 한 마디 말도 붙이지 못하고 차고 있던 황금팔찌를 잠든 사내의 실한 가슴팍에 놓아 두고 떠났다. 잠에서 깬

지귀는 황금팔찌에 보고 그만 놀라 심화心火가 터져 죽었다고 한다. 「운대에서」, 「내 사랑은」 이루어질 수 없는 드라마틱한 사랑노래이다.

7

1977년 여름이던가. 외우 박기섭 시인과 둘이서 미당 서정주의 『질마재 신화』를 따라 변산반도의 선운사, 질마재, 내소사를 찾아갔던 기억이 새롭다. 미당은 자신이 자랐던 조그만 어촌마을인 질마재를 신라의 신화 속으로 편입시켜 버렸다. 신라인인 나에게 미당의 『질마재 신화』는 가슴 한 켠을 아리게 하는 압통점이었다.

두어 해 전 갑년의 여름날, 유년의 화살이 나를 관통해 갔다. 불현듯 아화리 시편이 무더기로 쏟아졌다. 나는 아화리 사람들에 주목하였다. 이들이 쓰는 입말은 신라표준말이 아니던가.

우리나라 표준말의 정의를 살펴보면 "대한민국에서 표준으로 쓰이는 한국어이다. 교양있는 사람들이 두루 쓰는 현대 서울말로 정함을 원칙으로 한다."고 명시하고 있다. 그렇다면 역사의 전면에 나선 통일신라의 서라벌 말은 표준말임에 틀림없으리라. 천년의 세월이 지난 지금도 경주지역에는 신라 입말이 고스란히 살아 숨쉬고 있다. '말이 만타, 고마 됐다', 이 왁살스런 입말에는 호탕하고 남성적인 신라인의 기질이 느껴진다.

나는 오래 전에 고향을 떠나 왔지만 부모님을 모셔둔 오봉산은 회한과 그리움의 상징이다. 오봉산 아래에서 살아온, 살고 있는, 살아갈 사람들의 입말을 찾아서 옮겨 놓은 『고마 됐다』는 고향 사람들에 바치는 헌사이다.

고마 됐다

초판 인쇄 2016년 10월 5일
초판 발행 2016년 10월 10일

지은이 / 박 진 형
펴낸이 / 박 진 환

펴낸 곳 / 만인사
출판등록 / 1996년 4월 20일 제03-01-306호
주소 / 41960 대구광역시 중구 명륜로 116
전화 / (053)422-0550
팩스 / (053)426-9543
전자우편 / maninsa@hanmail.net
홈페이지 / www.maninsa.co.kr

ISBN 978-89-6349-095-3 03810

값 15,000원

* 이 도서의 국립중앙도서관 출판시도서목록(CIP)은 서지정보유통지원시스템 홈페이지(http://seoji.nl.go.kr)와 국가자료공동목록시스템(http://www.nl.go.kr/kolisnet)에서 이용하실 수 있습니다(CIP제어번호 : CIP2016023648).

만/인/시/인/선

1. **이하석** 시집 | 高靈을 그리다
2. **박주일** 시집 | 물빛, 그 영원
3. **이동순** 시집 | 기차는 달린다
4. **박진형** 시집 | 풀밭의 담론
5. **이정환** 시집 | 원에 관하여
6. **김선굉** 시집 | 철학하는 엘리베이터
7. **박기섭** 시집 | 하늘에 밑줄이나 긋고
8. **오늘의 시 동인** | 「오늘의 시」 자선집
9. **권국명** 시집 | 으능나무 금빛 몸
10. **문무학** 시집 | 풀을 읽다
11. **황명자** 시집 | 귀단지
12. **조두섭** 시집 | 망치로 고요를 펴다
13. **윤희수** 시집 | 풍경의 틈
14. **장하빈** 시집 | 비, 혹은 얼룩말
15. **이종문** 시집 | 봄날도 환한 봄날
16. **박상옥** 시집 | 허전한 인사
17. **박진형** 시집 | 너를 숨쉰다
18. **정유정** 시집 | 보석을 사면 캄캄해진다
19. **송진환** 시집 | 조롱당하다
20. **권국명** 시집 | 초록 교신
21. **김기연** 시집 | 소리에 젖다
22. **송광순** 시집 | 나는 목수다
23. **김세진** 시집 | 점자블록
24. **박상봉** 시집 | 카페 물땡땡
25. **조행자** 시집 | 지금은 3시
26. **박기섭** 시집 | 엮음 愁心歌
27. **제이슨** 시집 | 테이블 전쟁
28. **김현옥** 시집 | 언더그라운드
29. **노태맹** 시집 | 푸른 염소를 부르다
30. **이하석 외** | 오리 시집
31. **이정환** 시집 | 분홍 물갈퀴
32. **김선굉** 시집 | 나는 오리 할아버지
33. **이경임** 시집 | 프리지아 칸타타
34. **권세홍** 시집 | 능소화 붉은 집
35. **이숙경** 시집 | 파두
36. **이익주** 시집 | 달빛 환상
37. **김현옥** 시집 | 니르바나 카페
38. **도광의** 시집 | 하양의 강물
39. **박진형** 시집 | 풀등
40. **박정남 외** | 대구여성시 20인선집
41. **박기섭** 시집 | 角北
42. **윤성도** 시집 | 고통과 함께 잠들다
43. **권운지** 시집 | 갈라파고스
44. **김연대** 시집 | 아지랑이 만지장서
45. **윤희수** 시집 | 정곡
46. **김상윤** 시집 | 슈뢰딩거의 고양이
47. **박지영** 시집 | 검은 맛
48. **박영교** 시집 | 춤
49. **이정환** 엮음 | 현대여성시조 21인선집
50. **박진형** 엮음 | 서른 여섯 편의 사랑노래
51. **이하석** 시집 | 다시 高靈을 그리다 근간
52. **백점례** 시집 | 버선 한 척
53. **김호진** 시집 | 근간
54. **조금숙** 시집 | 소수언어박물관
55. **김현옥** 시집 | 룸펜들
56. **김연대** 시집 | 나귀 일기
57. **정재숙** 시집 | 이런 날이 왔다
58. **이중기** 시집 | 영천아리랑
59. **강문숙** 시집 | 근간